Was uns Musiklehrer zu erzählen vergessen...

© 2020 Fabian Wagner

Umschlaggestaltung: Fabian Wagner
(in Anlehnung an Icon von Freepik auf der Seite www.flaticon.com)
Verlag & Druck: tredition GmbH, Hamburg

ISBN
Taschenbuch: 978-3-347-07794-2
e-Book: 978-3-347-07796-6

Inhalt

Ein Buch übers Musik machen?

Es kam mir anfangs selbst etwas komisch vor. Das Spielen eines Instruments (und natürlich auch Singen) ist schließlich ein Handwerk. Man lernt, indem man übt und es einfach immer wieder macht. Warum etwas dazu lesen, statt die Zeit zum zusätzlichen Üben nutzen? Und es kommt sogar noch schlimmer, du wirst hier nicht mal irgendwelche Noten finden, die du spielen und dadurch was Bestimmtes trainieren kannst...

Das Handwerk, das Lernen neuer Techniken bis hin zu kompletten Werken, kann uns niemand abnehmen – und das ist auch gut so. Denn könnten wir uns innerhalb weniger Momente per 'Download' neue Fähigkeiten aneignen, würden wir viele intensive Momente verpassen:

Am Beginn steht meistens die Vorfreude und Neugier auf ein ganz bestimmtes Stück: „Das klingt ja richtig gut, das will ich auch unbedingt lernen!" Doch dann will einiges erst mal überhaupt nicht funktionieren. Man kommt vielleicht an eine Stelle, bei der man keine Ahnung hat, wie man sie jemals im Originaltempo über die Bühne kriegen soll.

Trotzdem macht man weiter. Irgendwie vertraut man unbewusst darauf, dass man es hinkriegen kann. Bei vielen anderen Stücken zuvor hat es schließlich auch geklappt! Mit der Zeit funktioniert immer mehr und man kann alles komplett auswendig. Dann, eines Tages, spielt man einfach drauf los und realisiert, dass es tatsächlich ganz leicht von der Hand geht. Warum war das am Anfang nur so schwer? Es klingt richtig gut und man kann sogar anderen damit Freude bereiten.

Alles zusammen eine großartige Erfahrung, begleitet von zahlreichen Gefühlen. Trotz mancher Hindernisse ist Neues zu lernen, das eigene Repertoire zu erweitern und dabei selbst zu wachsen, eine der schönsten und wichtigsten Erfahrungen, die wir machen.

Es gibt heute zig-tausende Videos von Kindern, meist asiatischer Abstammung, die die kompliziertesten Stücke fehlerfrei spielen. Beeindruckend? Erstrebenswert? Nicht wirklich. Sie wurden zu technischer Perfektion dressiert. Mit welchen Mitteln der Belohnung und Bestrafung sie dazu gezwungen wurden, welch traumatischen Erfahrungen damit einhergehen, will ich mir gar nicht ausmalen.

Höre ich mir diese 'Musik' an, stelle ich immer wieder fest, dass solch technisch perfekten Wiedergaben mechanisch und langweilig klingen. Es ist alles exakt genauso, wie es sein soll. Trotzdem spüre ich dabei, verglichen mit anderen Interpretationen, keinerlei Wirkung. Diese Beispiele sind wohl der extremste Fall, in abgeschwächter Form findet das allerdings auch bei uns im Unterricht statt. Fast ausschließlich liegt der Fokus auf der Ausbildung guter Technik.

Hier geht es nicht um das Erlernen von Techniken, zumindest nicht direkt. Dazu gibt es haufenweise Schulen, Lehrer, Seminare, Workshops, Literatur, Online-Kurse, alles in den unterschiedlichsten Facetten. Zwar gebe ich dir im Folgenden auch ganz praktische Übungen an die Hand, doch im Kern zeige ich dir einen anderen Blick auf das Lernen und Üben und welch erstaunliche Möglichkeiten sich daraus ergeben. Ein positiver Nebeneffekt davon: ich kann heute aus der Vielzahl der Angebote diejenigen besser auswählen, die mir mit hoher Wahrscheinlichkeit wirklich einen Mehrwert bieten.

Ganz am Anfang steht natürlich das Erlernen der korrekten Bedienung eines Instruments oder der eigenen Stimme. Diese Grundlagen kannst du mit nahezu jedem Lehrer dafür lernen. Ein wichtiger Schritt, und trotzdem nur ein erster Teilaspekt von Musik.

Ein Lehrer kann dir seine Fähigkeiten nicht einfach übergeben, egal wie lange du mit ihm arbeitest oder wie fleißig du auch sein magst. Mechanische Abläufe kann er dir zeigen, doch was du hörst, wenn dein Lehrer spielt, macht noch weit mehr aus. Es ist das Ergebnis der Summe seiner Erfahrungen, beispielsweise mit was für Musikrichtungen er sich beschäftigt hat und welche er besonders gerne mag. Daher kann dich ein Lehrer lediglich begleiten, ermutigen und im besten Fall sogar inspirieren, während du deine Talente, Fähigkeiten und Interessen entwickelst, du nach und nach deine eigenen Erfahrungen machst.

Sehe ich irgendwo ein Instrument verspüre ich sofort den Drang, einmal selbst Hand anzulegen. Dadurch habe ich bereits einiges ausprobiert, von Geige und Cello über Flöte und Trompete bis hin zu Schlagzeug, Pauken, Xylophon und noch viele mehr. Ausführlich habe ich mich über die Jahre mit Akkordeon, Klavier, Gitarre und der eigenen Stimme befasst. Dabei lernte ich sehr unterschiedliche Lehrer und Methoden kennen.

Oft erzielte ich sogar richtig gute Ergebnisse. Bei Wettbewerben, wie beispielsweise 'Jugend Musiziert', war ich zwar nie der Beste, aber meist mit einer guten Wertung vorne mit dabei. Außerdem war ich viele Jahre Mitglied verschiedener Orchester und Ensembles mit zahlreichen Konzerten und mehreren Konzertreisen in andere Länder.

Trotz der Erfolge war ich selbst mit meinem Spiel lange Zeit nicht wirklich zufrieden. Obwohl ich technisch vieles sehr gut umsetzen konnte, hatte ich oft das Gefühl: "Das war zwar alles richtig – aber es klingt einfach nicht wie Aufnahmen von professionellen, 'richtigen' Musikern!"

Der wöchentliche Unterricht half mir dabei leider nicht weiter. Doch ich gab nicht auf. Über Jahre hinweg lies ich immer wieder auf Neues ein und fand mit der Zeit heraus, was (mir) fehlte.

Musik ist mehr, als die richtigen Noten zur richtigen Zeit in der richtigen Intensität zu spielen. Es geht um wahre Musikalität, das Erschaffen eines hochwertigen Klangs, der eine Wirkung mit sich bringt, für den Zuhörer aber auch den Interpreten selbst.

Und das ist keine Folge von technischer Perfektion.

Auf den ersten Blick erzähle ich dir in den folgenden Kapiteln einfach von einigen Erfahrungen, mit denen ich mich dieser Musikalität genähert habe. Diese Punkte habe ich so explizit noch nirgendwo gesehen und auch im Unterricht wird normalerweise nicht darauf eingegangen. Vielleicht dient dir ja das ein oder andere als Anregung, was auszuprobieren und deine Musik weiter zu entwickeln. Du kannst am besten einschätzen, was für dich interessant klingt und zumindest mal einen Versuch wert ist.

Es gibt hier keine revolutionäre Methodik, keine Regeln oder eine Anleitung in X Schritten, die dich über alle Genres hinweg garantiert zu einem der besten Musiker werden lässt – mit der einzigen Methode, die wirklich für jeden funktioniert! Leider habe ich schon sehr viel Marketing gesehen, dass so etwas behauptet. Es mag sehr verlockend klingen, aber es handelt sich dabei ausschließlich um leere Versprechungen, welche oft mit unnötig hohen Kosten verbunden sind.

Noch gefährlicher sind allerdings die Frustration und Selbstzweifel, wenn sich herausstellt, dass doch alles gar nicht so einfach ist wie versprochen. Das führt bei manchen sogar dazu, dass sie irgendwann gar keine Freude mehr am Spielen empfinden. Ich kenne das aus einem anderen Bereich: der Deutsch-Unterricht hat bei mir jegliches Interesse an Lyrics ohne Musik, gemeinhin bekannt als Gedichte, zu Nichte gemacht.

Ganz ohne Marketing geht es natürlich nicht. So dient der Titel dieses Buches dazu, erstes Interesse zu wecken. Damit verurteile ich jedoch keine Lehrer oder wie sie unterrichten. Klar gibt es schwarze Schafe, die Ihren Beruf nur als Mittel zum Zweck sehen, wie in vielen anderen Bereichen auch. Dennoch bin ich davon überzeugt, dass Lernen mit einem Lehrer in Person essentiell ist und wir eine höhere Qualität erreichen können, als mit anderen Angeboten (ausschließlich über Online-Kurse, Video-Konferenzen oder ähnliches).

Die folgenden Punkte können niemals einen Lehrer ersetzen, sondern sind dazu gedacht, den Unterricht zu ergänzen und zu bereichern. Das Meiste lerne ich inzwischen selbstständig, und trotzdem nehme ich ab und zu ein paar Unterrichtsstunden. Feedback, Anregungen und Austausch sind nie verkehrt, auch wenn man nicht immer alles davon brauchen kann.

Die Beispiele basieren auf Instrumenten, Stücken und Musikrichtungen, mit denen ich mich direkt beschäftigt habe. Trotzdem versuche ich, die Prinzipien so grundlegend zu beschreiben, dass du sie ohne Aufwand auf deine Musik übertragen kannst, egal welches Instrument oder Genre. Meist schreibe ich "Instrumente" und "Spielen", selbstverständlich schließt das Gesang mit ein. Das immer wieder zu erwähnen, wäre einfach zu umständlich zu lesen und zu schreiben.

Erwartest du eine detaillierte wissenschaftliche Abhandlung, wie alles genau funktioniert, muss ich dich leider enttäuschen. Wo es möglich ist, gehe ich drauf ein, doch teilweise habe ich selbst nur ein grobes Verständnis der biologischen und psychologischen Vorgänge, die dabei in uns ablaufen – sofern diese überhaupt schon untersucht wurden.

Glücklicherweise ist das nicht ausschlaggebend! In der Fahrschule lernst du ja auch nicht, wie ein Motor funktioniert, sondern wie du damit umgehst. So geht es hier ebenfalls in erster Linie darum, wie wir diese Punkte für unser Spielen nutzen können. Falls du bezüglich der Hintergründe tiefer einsteigen willst, findest du in den Kapiteln 'Wie wär's mal mit 'ner Pause?' und 'Gibt's noch mehr?' ein paar wertvolle Literatur-Hinweise.

Herausfinden und verstehen was funktioniert interessiert mich weit mehr als Auftreten. So ist Musik als Hobby schon solange ich mich zurückerinnern kann ein wichtiger Bestandteil meines Lebens. Damit habe ich große Freude und lerne immer weiter dazu. Ich strebe nicht an, hauptberuflich Musiker zu werden. Um hilfreiche Tipps zu geben oder ein guter Lehrer zu sein, muss man nicht erst eine große Karriere hinter sich haben. Dabei sind jeweils völlig unterschiedliche Qualitäten ausschlaggebend.

Nicht jeder kann willkürlich alles lernen. Beispielsweise kann ich nach wie vor aus Blasinstrumenten nur mit viel Mühe einen Ton herausbringen und bin mir bewusst, dass ich ein mittelmäßiger Sänger bin. Dennoch bin ich überzeugt, dass viele Hobby-Musiker aufgrund des oftmals einseitig ausgerichteten Unterrichts weit hinter ihren Möglichkeiten bleiben.

Mit Hilfe der Inhalte dieses Buches kann ich heute Musik erschaffen, die mir (und Zuhörern) gefällt und deren Qualität mit Aufnahmen gleichwertig ist, die ich besonders gerne mag. Vielleicht kann ich hiermit einen kleinen Teil beitragen, dass auch jemand anderes wieder mehr Freude am Musikmachen findet – und sich im besten Fall selbst überrascht, was möglich ist, welch Potential noch vorhanden war...

Lass mich gerne wissen, welche Erfahrungen du machst und was das Lesen dieses Buches bei dir bewirkt hat. Egal wie sehr man auch versucht, es möglichst genau zu beschreiben, bestimmt gibt es noch die ein oder andere Frage. Diese beantworte ich sehr gerne. Falls du direktes Feedback von mir wünscht, kannst du dich ebenfalls jederzeit an mich wenden. Meine Kontaktdaten findest du am Ende des Buches.

Doch jetzt erst mal viel Spaß beim Weiterlesen und vielen lieben Dank, dass du dir die Zeit für dieses Buch nimmst!

Spielst du das gerne?

Leider kann ich mich nicht mehr daran erinnern, wie ich überhaupt dazu gekommen bin, selbst Musik zu machen. Glücklicherweise haben meine Eltern mir davon erzählt: Die Instrumente standen damals bei uns zu Hause, nur wurden sie schon einige Zeit nicht mehr genutzt. Meine Eltern waren beruflich sehr eingespannt und hatten irgendwann nicht mehr genug Zeit dafür. Trotzdem habe ich als kleines Kind eines Tages gesagt, dass ich das gerne lernen will – obwohl ich es nie vorgeführt bekommen habe. Es hat mich wohl einfach interessiert, ich wollte das unbedingt ausprobieren. Daraus wurden gut zwei Jahrzehnte musikalische Ausbildung und ein bis heute andauerndes Selbststudium.

An den Unterricht kann ich mich hingegen noch gut erinnern. Wenn ein Stück soweit fertig war, musste natürlich das Nächste her. Meist schlug der Lehrer ein paar Noten vor und spielte diese kurz, damit man einen Eindruck davon bekam. Dann sollte man entscheiden, welches man als Nächstes lernen wollte. Es kam immer wieder vor, dass mir die Stücke gar nicht wirklich gefielen. Aber es stand ja nur diese Auswahl zur Verfügung – und ich war damals noch ein kleiner, schüchterner Junge – so dass ich einfach eins davon aussuchte. Lange kannte ich nichts anderes.

Mit der Zeit beschäftigte ich mich mit unterschiedlichen Stücken und manche funktionierten besser als andere. Lag das vielleicht daran, dass einige zu schwer waren? Möglich, im Nachhinein verstehe ich jedoch, dass ein anderer Faktor viel entscheidender war: einige Stücke mochte ich wirklich gern, ich habe mich darauf gefreut sie zu spielen und zu üben. In meinem Fall waren das zum Beispiel Filmmusik, romantische Kompositionen oder Ouvertüren mit wuchtigem Klang. Diese habe ich wesentlich einfacher und schneller gelernt.

Mit Ende meiner Schulzeit habe ich dann erste Schritte in eine neue Richtung gemacht. "Ab heute mache ich alles ganz anders!" – Nein, eine solch plötzliche, rabiate Entscheidung habe ich nie getroffen. Ich probierte wieder etwas aus, weil ich neugierig war und Lust darauf hatte. Damit begann langsam eine tiefgreifende Veränderung.

Von Freunden kannte ich ein anderes Instrument, das mich irgendwie faszinierte. Und so fing ich an mir von Grund auf Gitarre beizubringen, obwohl ich bis dahin nur Tasten kannte. Als die ersten Griffe funktionierten, habe ich fast ausschließlich mit Liedern weitergearbeitet, die mir gefielen, die ich mal gehört habe und gerne selbst spielen wollte. Sogar wenn diese vielleicht ein paar zu schwierige Akkorde oder Wechsel beinhalteten, irgendwie habe ich es nach kurzer Zeit meist doch ganz gut, zumindest ähnlich dem Original hingekriegt.

Kurz darauf fing ich auch auf dem Klavier etwas Neues an, nämlich mit Begleitung herumzuspielen. Zu ein paar Liedern, die mir besonders gefielen, konnte ich leider keine akkuraten Noten finden. Also versuchte ich, nach Gehör herauszufinden, um welche Akkorde es sich handelt. Eine große Herausforderung, denn bis dato hatte ich nur eine klassische Ausbildung in der Wiedergabe vorgegebener Noten.

Trotzdem hat mir das Ganze richtig viel Freude bereitet, an das Gefühl kann ich mich bis heute erinnern, über ein Jahrzehnt später. Einige der Stücke kann ich immer noch, obwohl ich sie teils mehrere Jahre nicht mehr gespielt habe. Die meisten Noten aus dem Unterricht habe ich hingegen wieder vergessen.

Mit der Zeit bemerkte ich: klassische Musik macht mir auf dem Klavier tendenziell weniger Spaß, als Begleitung und Singen. Mit Letzterem tue ich mich zudem viel leichter. Ab und zu kommt es dennoch vor, dass mich ein 'Klassiker', oft schon beim allerersten Hören, richtig begeistert. Dann setzte ich mich mit Freude dran und lerne Schritt für Schritt.

Was würde wohl passieren, wenn ich mich darauf versteifte und zwanghaft versuchte, ein Profi-Klassik-Pianist zu werden? Es ist nicht schwer, sich die Konsequenzen auszumalen. In dem Fall hätte ich vermutlich bereits ein anders Hobby und würde wohl darüber schreiben.

Seit damals investiere ich Zeit fast ausschließlich in Stücke, die ich mag, die mich irgendwie ansprechen und bewegen. Lieder, die zumindest etwas haben, was mich wirklich interessiert – und sei es nur eine Passage oder Technik, die mir gefällt.

Muss ich jetzt keine Arbeit mehr leisten, neue Dinge zu lernen? Habe ich keinerlei Zweifel, ob ich eine Technik oder ein komplettes Stück auch hinbekommen kann? Brauche ich keine Geduld mehr, bis ich etwas Neues verinnerlicht habe?

Nein, so einfach ist es nicht. Allerdings sind durch den übergeordneten Wunsch, ein schönes Stück zu lernen, Momente dieser Art nicht mehr so (emotional) schwer und anstrengend. Die Neugierde und Freude auf die Musik lässt dafür nicht viel Platz – und vermeintlich schwierige Momente ziehen schnell wieder vorbei. Wie bei einem kleinen Kind, das sich weh tut und weint, aber bereits wenige Minuten später wieder weiterspielt und lacht.

Zweifel an der eigenen Technik oder am Schwierigkeitsgrad sind kein Grund, sofort ein ganzes Lied in Frage zu stellen oder gar überstürzt zu verwerfen. Das ist Teil des Prozesses und kann ein hilfreicher Hinweis sein, wo es noch was zu tun gibt. In einer solchen Situation versuche ich mir die Intention in Erinnerung zu rufen, warum ich dieses Stück mag und übe – oder es ist Zeit für eine Pause. Doch dazu im gleichnamigen Kapitel später mehr.

Spielst du schon länger, kennst du wahrscheinlich die folgende Situation: Obwohl du ein Lied schon oft gespielt hast, freust du dich immer wieder aufs Neue darauf, dass eine ganz bestimmte Stelle kommt. Etwas, das dir besonders gefällt, die Auflösung einer Harmonie, ein Wechsel der Tonart, ein Teil der Melodie, vielleicht der intensive Höhepunkt einer Symphonie? Oder sogar eine Passage, die zwar jemand anders spielt, du aber immer wieder gerne hörst?

Im Orchester gab es manchmal Stücke oder einzelne Sätze größerer Kompositionen, die ich nicht sonderlich gerne spielte. Das ist zwangsläufig der Fall, wenn man unterschiedliche Programme für diverse Konzerte vorbereitet. Auch solche Stücke kann man mit genügend Übung fehlerfrei über die Bühne kriegen. In vielen Fällen konnte ich sogar doch noch einen kleinen Teil finden, der mir gefiel oder zumindest mein Interesse weckte. Sich dieser Stellen bewusst zu werden und mehr darauf zu konzentrieren ist oft ausreichend Motivation, die Noten zu spielen und zu üben.

Musst du aktuell was lernen, was dir insgesamt nicht wirklich gefällt? Gibt es dabei vielleicht eine Stelle, und sei sie noch so klein, die dir ein wenig gefällt?

Als Teil von etwas Größerem, einem Ensemble, Band oder Orchester, habe ich viele Erfahrungen gemacht, was mit Musik alles möglich ist, welch großartigen Klänge und Wirkungen nur gemeinsam erzeugt werden können. Stell dir beispielsweise einmal Tschaikowsky ohne wuchtige Paukenschläge oder die Star-Wars-Titelmusik ohne die berühmten Trompeten-Fanfaren vor. Als einzelne Musiker wär uns das niemals möglich. Versteifen wir uns ausschließlich auf die eigenen Interessen und Vorlieben, lehnen wir alles andere kategorisch ab, verpassen wir viele wertvolle Erlebnisse, die wiederum unsere eigene musikalische Entwicklung bereichern können.

Du selbst trägst immer einen wertvollen Beitrag zum Gelingen der gesamten Aufführung bei. Das trifft auch auf Teile zu, die du nicht so gerne spielst. Könnte es nicht vielleicht sein, dass es da einige Mitspieler oder Zuhörer im Publikum gibt, die sich auf etwas an dem Stück freuen – womöglich sogar auf genau diese eine Stelle, die du gleich spielst?

Im Kern hat mir Musik immer Spaß gemacht. Natürlich gab es in meiner Jugend auch Phasen, in denen ich nur so viel übte wie absolut nötig. Andere Dinge und Erfahrung waren zu der Zeit weitaus interessanter und wichtiger. Doch wie bereits beschrieben bin ich immer wieder aus eigenem Antrieb zurückgekehrt und habe Neues ausprobiert.

Das muss allerdings nicht auf jeden zutreffen, der ein Instrument lernt. Dazu ein Beispiel, was mal einer meiner Mentoren (in Bereichen außerhalb der Musik) über sich erzählt hat: eine Zeit lang war er überaus ehrgeizig und hat verbissen mehrere Stunden täglich Klavier geübt. Und ja, mit dieser immensen Anstrengung hat er mit der Zeit durchaus technisch schwierige Stücke hinbekommen. Im Vergleich zu Menschen, die wirklich ihr Talent für Musik lebten, konnte er trotz allem nicht mithalten. Diese benötigten oft nur einen Bruchteil des Aufwands mit deutlich besseren Ergebnissen.

Später wurde ihm klar, woran es lag. Musik an sich war ihm gar nicht so wichtig, sie war lediglich Mittel zum Zweck. In seinem Fall ein Versuch Frauen zu beeindrucken und für sich zu gewinnen. Das war der Ansporn, die zu Grunde liegende Motivation, nicht eine unbekümmerte Freude an der Musik. Dadurch hat er viel Zeit und Energie verschwendet.

Die Lehre aus dieser Geschichte ist eine wichtige Frage: Warum machst du eigentlich überhaupt Musik? Was ist deine Intention dahinter?

Für diejenigen, für die Musik einfach ein schöner Teil ihres Lebens ist, mag die Antwort offensichtlich sein. Für andere, die vielleicht immer wieder an Grenzen stoßen, lohnt es sich vermutlich, einmal ehrlich darüber nachzudenken.

Vielleicht machst du Musik ja gar nicht aus eigenem Antrieb? Womöglich weil deine Eltern es wollten, es von dir verlangt wurde und du dann dabei geblieben bist? Oder was steckt bei dir im Kern dahinter?

Zum Abschluss dieses Kapitels, denk doch mal an ein konkretes Stück, das du gerade lernst. Es gibt ja hunderte Musik- und Stilrichtungen und Millionen von Liedern, warum widmest du dich gerade diesem? Weil es dir insgesamt gefällt, weil du es vielleicht schon oft angehört hast und nun selber spielen willst? Weil dich diese eine Passage oder Technik fasziniert und du einfach ausprobieren willst, wie das geht?

Oder liegen eher Gedanken zu Grunde, wie zum Beispiel:

"…ich will das unbedingt…"

"…ich muss das jetzt fertig kriegen…"

"…wenn ich das hinkriege, dann…"

"…wenn ich das NICHT hinkriege, dann…"

"…dadurch bekomme ich sicherlich…"

In diesen Fällen wird Üben zum selbstgemachten Zwang und anstrengend, im anderen kann es eine angenehme Tätigkeit sein.

Dass zwischendurch einige Gedanken und vielleicht sogar Frustration aufkommt, ist völlig normal. Man kann das nicht mit Gewalt verhindern, dadurch steigert man sich in der Regel nur noch mehr hinein. Manchmal ist es herausfordernd und geht mit dem Gefühl einher, nicht weiter zu kommen. Dann erinnere ich mich an das zurück, was ich bisher schon alles gelernt habe. Wenn ich bis an die Anfänge des Unterrichts zurückdenke, ist das eine unglaubliche Menge – und das ist bei dir sicher genauso. Kurz, wir haben das bisher echt gut gemacht! Könnte es da nicht sein, dass auch die aktuell schwierige Stelle bald klappt?

Durch die simple Freude am Spielen und Lernen kann schließlich der Moment kommen, dass nicht nur Zuhörer, sondern auch du selbst mit dem Ergebnis, mit deiner Musik vollauf zufrieden bist.

Nochmal in einem Satz: Nur wenn es dabei etwas gibt, was du wirklich gerne magst, wirst du (ein Stück) irgendwann richtig gut spielen.

Vielleicht erscheint dir das jetzt ziemlich offensichtlich. Doch wir bekommen ständig aus allen möglichen Richtungen erzählt, was wir machen sollen und wie genau es am besten wäre. So habe ich ehrlicherweise Jahre gebraucht, das wirklich zu verinnerlichen und umzusetzen. Und ich weiß, damit bin ich nicht allein.

Gerne würde ich dir hiermit ein wenig Zeit ersparen und helfen, dass du mehr Freude am Spielen findest. Im ersten Schritt dadurch, dass du dich bewusst entscheidest und hauptsächlich auf Stücke und Musikrichtungen konzentrierst, die sich für dich stimmig anfühlen.

Also, was hindert dich daran, diese Noten, die du eigentlich gar nicht so gern magst, einfach sein zu lassen und was anderes zu spielen?

Hörst du, was du machst?

Eines Tages habe ich das erste Mal ausprobiert, die eigene Musik aufzunehmen. Eine sehr interessante und lehrreiche Erfahrung. Anfangs habe ich mir das Ergebnis angehört und war verwundert: "So hört sich das an? Also irgendwie hat das während dem Spielen doch ganz anders geklungen!"

Natürlich klingt es durch eine Aufnahme nicht anders, es sei denn diese ist von wirklich miserabler Qualität... Mit der Zeit wurde mir klar, woran es lag: an der eigenen Wahrnehmung. Und genau darum geht es in diesem Kapitel, nicht um das Aufnehmen von Musik, wie vielleicht beim Lesen der Überschrift vermutet.

Gerade sitze ich in einem Café. Im Hintergrund spielt sich eine entsprechende Geräuschkulisse ab. Konzentriere ich mich, anstatt zu schreiben auf diese Geräuschquellen um mich herum, verändert sich etwas. Sofort nehme ich mehr davon wahr und noch dazu in einer völlig anderen Qualität.

Im Hintergrund etwas Musik, verschiedene Stimmen in unterschiedlicher Lautstärke, teils gleichzeitig, teils abwechselnd mit verschiedenen Rhythmen, immer mal wieder das Klirren von Besteck, Schritte, das Summen einer

Kaffeemaschine und draußen fahren verschiedene Autos vorbei, jedes mit einem eigenem Klang.

Vieles habe ich gar nicht bemerkt, als ich nur auf das Schreiben konzentriert war. Das Interessante dabei: ich muss damit nicht aufhören und kann trotzdem mit einem Teil meiner Aufmerksamkeit andere Details wahrnehmen.

Was bemerkst du, wenn du während dem Lesen darauf achtest, was gerade um dich herum vorgeht?

Zurück zur Musik. Höre ich während dem Spielen genau und konzentriert hin, achte ich mehr auf das Ergebnis, als auf die mechanischen Abläufe und Gedanken, merke ich beim Anhören der Aufnahme tatsächlich keinen Unterschied mehr.

Meist liegt jedoch viel Aufmerksamkeit bei anderen Dingen:

"War das jetzt gut?"

"Haben die Zuhörer das bemerkt?"

"Das war jetzt aber richtig gut!"

"Mist, das war beim Üben schon mal besser..."

"Wie finden die wohl meinen Auftritt?"

"Oh, da kommt ne schwierige Stelle, da muss ich mich besonders konzentrieren!"

Dabei wird die Musik selbst für uns als Interpreten nur noch zu einer Art Hintergrundgeräusch. Es ist vergleichbar mit einem Radio, das irgendwo nebenbei läuft und an das man sich hinterher gar nicht mehr so genau erinnert. Beim Spielen liegt der eigene Fokus nicht mehr bei dem, worum es eigentlich geht: der gerade erzeugte Klang.

Wann hast du das letzte Mal ganz bewusst ein Lied angehört? Dich voll auf die Musik konzentriert, ohne nebenbei was anderes zu machen?

Das soll jetzt keine Kritik werden, auch ich lasse Musik immer wieder nur nebenbei laufen. Doch da wir im Alltag selten bewusst hinhören, braucht die fokussierte, direkte Wahrnehmung der Musik, während wir sie selbst machen, erst mal ein wenig Übung.

Wie alle Fähigkeiten, die man neu lernt, funktioniert es am Anfang vielleicht nur für kurze Zeit. Erst nach und nach entwickeln wir daraus eine Gewohnheit, die irgendwann ganz automatisch abläuft. Nötig ist dazu im ersten Schritt aber nichts weiter, als bewusst mehr darauf achten zu wollen – wie in der Geschichte und kleinen Übung mit den Geräuschen zu Beginn des Kapitels. Es ist lediglich eine klare Entscheidung nötig, die eigene Wahrnehmung zu verändern.

Es geht um eine sanfte Lenkung der Aufmerksamkeit, mehr Konzentration auf das, was letzten Endes am wichtigsten ist. Das ist kein Multi-Tasking! Das wäre sogar das komplette Gegenteil davon. Dabei springt man hektisch von einer Sache weg, registriert schnell was anderes und kehrt sofort wieder zurück, teils alle paar Sekunden, und immer wieder hin und her. Dadurch kann man gar keinen Fokus aufbauen und aufrechterhalten. Das führt zwangsläufig zu Chaos und Erschöpfung.

Hörst du nicht, was gerade passiert, ist es sogar egal, wenn du es vermeintlich technisch richtig gut über die

Bühne kriegst. Das Ergebnis klingt dann eher künstlich statt authentisch. Wie bei den, in der Einleitung erwähnten, mechanisch perfekten Menschen-Maschinen.

Technik ist lediglich Mittel zum Zweck. Doch auch hier gibt es die berühmte Ausnahme der Regel, wenn Musik beispielsweise Teil einer akrobatischen oder komödiantischen Aufführung ist. Natürlich hat das seinen Platz und kann sehr viel Spaß machen. Steht allerdings die Musik im Vordergrund, geht es vor allem darum, welcher Klang letzten Endes entsteht und wie dieser auf uns wirkt.

Oft nutze ich einen leicht abgeänderten Fingersatz, als was in den Noten vermerkt ist. Solange dabei was Vernünftiges herauskommt, perfekt! Ich bin mir sicher, du hast auch schon von 'großen' Musikern gehört, die so ihre Eigenheiten und vielleicht nicht die perfekte Lehrbuch-Technik haben, aber trotzdem durch einen besonderen Sound überzeugen. Das eine folgt also nicht zwingend aus dem anderen.

Doch halt! Bitte nicht falsch verstehen, das ist keine Ausrede für nachlässige Technik jeglicher Art. Beispielsweise habe ich die Tendenz, zu früh sehr schnell zu spielen, wodurch manchmal Noten einer Passage nicht mehr gleichmäßig werden. Das ist kein besonderes Merkmal, das mich auszeichnet, sondern daran arbeite ich, sobald es mir auffällt.

Behindert dich etwas eher, und vor allem immer wieder, könnte das ein wertvoller Hinweis sein, sich nochmal die Technik anzusehen und vielleicht abzuändern. Zum Zuhören gehört unweigerlich, absolut ehrlich gegenüber sich selbst zu sein. Sich die Realität einzugestehen, vor allem dann, wenn etwas noch nicht wirklich funktioniert. Das heißt, den aktuellen Stand anzuerkennen, ohne sich dabei jedoch zu verurteilen und runter zu machen. Es ist das, wozu du aktuell im Stande bist, und das ist ok so. Mit der Zeit wird das mehr werden.

Lerne ich ein neues Stück, ist mein Fokus natürlich erst mal auf die technischen Abläufe gerichtet. Sobald ich einen Teil einigermaßen flüssig spielen kann, versuche ich jedoch mehr und mehr zu hören, was dabei eigentlich genau herauskommt. Dann ergeben sich ganz automatisch kleine Anpassungen und Korrekturen der Technik. Das zahlt sich später aus, zum Beispiel bei der finalen Geschwindigkeit des Liedes. Oft erreiche ich diese dann sogar viel schneller als Anfangs gedacht.

Willst du dieses Hinhören ausprobieren und üben, empfehle ich, mit einem Stück anzufangen, das du technisch schon ohne Probleme spielen kannst – und das dir natürlich gut gefällt! Beim Durchspielen kannst du auf Verschiedenes achten. Dabei ist es übrigens völlig egal, wenn du ein paar falsche Noten spielst.

Hier ein paar Ideen:

♫ Was passiert, wenn du versuchst, dich auf einen Teilaspekt zu konzentrieren, also die Melodie, den Rhythmus oder die Wechsel in den zu Grunde liegenden Akkorden, der Harmonie?

♫ Kannst du deinen Fokus mehr auf eine Hand legen als auf die andere, obwohl du gerade beide benutzt? Kannst du die Bewegungen dort spüren und hören, was diese Hand spielt?

♫ Wenn du gemeinsam mit anderen spielst, kannst du wahrnehmen, wie der Teil eines Mitspielers genau klingt, auch während du selbst gerade spielst?

Natürlich bin ich jetzt neugierig. Was hast du dabei bemerkt? Hat sich dein Spielen dadurch bereits irgendwie verändert?

Für Künstler, die mit geometrischen Formen arbeiten, zum Beispiel Maler oder Bildhauer, ist genaue Beobachtung, die optische Wahrnehmung von Formen, oder in einem Wort 'Sehen', eine Grundvoraussetzung. Für Musiker jeglicher Art ist diese Grundlage das Hören.

Ein Musiklehrer macht eigentlich nichts anderes. Er hört genau hin, beobachtet und gibt dir dann Feedback. In der hilfreichsten Form, indem er deine Aufmerksamkeit darauf lenkt, was er wahrgenommen hat. Dann kannst du ausprobieren etwas zu variieren, Korrekturen vorzunehmen und erneut hören, was sich dadurch verändert.

Im schlechtesten Fall wird eine abstrakte Regel formuliert: "...das macht man nicht so, sondern so!" Hier fehlt, dass keinerlei Verständnis dafür gefördert wird, was das für den Klang bewirkt. Dann machst du vielleicht irgendwas anders, der Lehrer ist zufriedener, aber du weißt gar nicht so richtig warum eigentlich.

Durch genaue Beobachtung wirst du nach und nach dein eigener Lehrer. Mit der Zeit kannst du dir komplizierte Stücke und sogar völlig neue Instrumente selbstständig erarbeiten. Obwohl es möglich wäre, ist damit nicht gemeint, gänzlich auf Hilfsmittel zu verzichten. Man muss das Rad ja nicht komplett neu erfinden – es sein denn, man hat Spaß daran...

Eine letzte Bemerkung zum Thema Hören: es geht dabei nicht um Gehörbildung und das Training eines perfekten Gehörs. Solche Fähigkeiten sind nett, aber nicht zwingend notwendig. Wie oben beschrieben, ist es 'einfach' eine möglichst genaue Wahrnehmung, mehr Konzentration darauf, welche Musik du gerade erschaffst. Dann wirst du teilweise ganz automatisch eine andere Qualität erreichen und mehr Leichtigkeit beim Spielen finden.

Lass dich überraschen!

Welche Versionen kennst du?

Über die Jahre habe ich verschiedene Arten von Gitarren ausprobiert, klassische Konzertgitarren ebenso wie E-Gitarren. Am meisten mochte ich aber schon immer den Klang von Western-Gitarren. Vielleicht ein Grund, warum mir bei vielen Liedern eine Cover-Version am besten gefällt, die nur aus Gesang mit Gitarrenbegleitung besteht.

Manchmal lernte ich ein Lied erst zu schätzen, als ich eine andere Version davon entdeckte. Das sehr bekannte "Africa" von Toto fällt mir gerade dazu ein. In seiner Original-Version finde ich es eher eintönig, fast schon langweilig. Eines Tages habe ich allerdings eine Acoustic-Cover-Version davon gefunden, vom Stil her etwas mehr Richtung Rock. Diese gefiel mir auf Anhieb richtig gut. Wenige Stunden später spielte ich es auf dieselbe Art und Weise.

Der Musiker in dem Beispiel hat das Original nicht einfach imitiert, sondern eine neue Version daraus kreiert. Bei vielen Stücken habe ich gemerkt, dass ein Cover mich nur dann anspricht, wenn es sich um ein eigenständiges Stück und keine Kopie handelt. Der Interpret, wie der Name sagt, interpretiert das zu Grunde liegende Werk und variiert es entsprechend seiner Erfahrungen und Fähigkeiten. Ein solcher Musiker hat über die Zeit, zusätzlich zu seinen technischen Fähigkeiten, Vertrauen in die eigene Musik aufgebaut. Er hofft nicht darauf, besonders viel Anerkennung zu bekommen, wenn er nur möglichst akkurat das Original nachahmt.

Es gibt allerdings auch Künstler, die übertreiben. Die Essenz eines Liedes kann bei einer Neu-Interpretation komplett verloren gehen. So ist vielleicht der markante Rhythmus, den das Original ausmacht, nicht mehr vorhanden, die Harmonie durch übertriebene Jazz-Akkord-Variationen nur noch entfernt zu erahnen oder die Melodie wegen zu vieler Verzierungen nicht mehr auszumachen. Dann kann die Musik ihre Wirkung, oder zumindest wichtige Teile davon, nicht mehr entfalten. Hervorragende talentierte Laien-Sänger, die sich lediglich mit einfachen Achtel-Schlagrhythmen selbst auf der Gitarre begleiten, sind häufig anzutreffende Beispiele dafür.

Interessiert mich ein Stück, sehe ich mich inzwischen oft erst einmal um, welche verschiedenen Versionen es bereits gibt. Lange Zeit war das nicht der Fall, weder im Unterricht noch im Orchester. Nur selten haben wir eine Aufnahme angehört, ich kann mich maximal an eine Handvoll Fälle erinnern. Dadurch hatte man wenig Referenzen, meist ausschließlich den Lehrer oder Dirigenten und seine Interpretation, wie das Lied mal werden soll. Die eigene Vorstellung und damit auch Möglichkeiten bleiben dadurch entsprechend beschränkt.

Übst du aktuell ein Stück, zu dem du ebenfalls sehr wenige Eindrücke hast, vielleicht nur die Noten und wie dein Lehrer sie spielt? Dann möchte ich dich gerne dazu einladen, dich neugierig umzusehen. Mit Hilfe der zahlreichen Internet-Plattformen ist das heute ja kein Problem mehr.

Dabei gilt es jedoch eine Sache zu beachten: oft wird uns etwas anderes präsentiert, als was tatsächlich gespielt und aufgenommen wurde. Hinter professionellen Produktionen steht heute in der Regel ein ganzes Team, bestehend aus Tontechnikern und Computer-Spezialisten. Oft wird der Ton umfangreich nachbearbeitet und optimiert. Das Ergebnis klingt völlig anders, als wenn du bei der Original-Aufnahme daneben stehen würdest. Leider kann man das nicht immer sofort erkennen. Daher sollte man an diese Möglichkeit denken, um nicht später einer unerreichbaren Idealvorstellung nachzueifern, mit den entsprechenden Konsequenzen von Zweifeln oder Frustration. Trotzdem gibt es viele tolle Aufnahmen, bei denen man direkt die erzeugte Musik hört und die uns als wertvolle Inspiration dienen können.

Bei einer solchen Recherche kann man ganz nebenbei wieder mit der eigenen Wahrnehmung rumspielen und diese trainieren. Sich beim Anhören beispielsweise auf ein einzelnes Instrument oder den Text fokussieren, oder vielleicht die Pausen, die essentieller Bestandteil eines jeden Rhythmus sind. So hat man gleich eine viel intensivere Erfahrung mit der Musik.

Natürlich stößt man bei der Vielfalt auf viel Komisches und manchmal gar Grauenhaftes. Doch selbst das kann eine wertvolle Erfahrung sein. Man lernt dadurch, was überhaupt nicht funktioniert und welchen Effekt das mit sich bringt. Und wer weiß, womöglich entdeckst du ein paar Interpretationen, an die du so nie gedacht hättest? Vielleicht eine neue Kombination verschiedener Genres? Etwas, dass dein künftiges Spielen oder gar eigene Kompositionen bereichert?

Vor einiger Zeit habe ich mir den "Liebestraum" von Liszt auf dem Klavier beigebracht. Auch hier habe ich mir verschiedene (professionelle) Aufnahmen und Auftritte angehört. Obwohl alle genau dieselben Noten spielten, wie bei klassischen Stücken meist der Fall, klang es sehr unterschiedlich. Dabei entstand jeweils eine andere Wirkung: Einige waren überaus interessant und bewegend – am liebsten wollte ich das sofort ähnlich hinkriegen – andere dagegen empfand ich als hektisch oder schwer, diese sprachen mich überhaupt nicht an.

Egal welches Lied ich recherchiert habe, es gab nie zwei Versionen die komplett identisch waren. Besonders fällt das bei verschiedenen Aufnahmen desselben Liedes von einem Interpreten auf. Handelt es sich um wahre Live-Auftritte, variiert die erzeugte Musik deutlich. Sind dir bei Besuch eines Konzerts nicht auch schon mal Unterschiede zur Studio-Aufnahme eines Songs aufgefallen? Und hat dir das dann besser oder überhaupt nicht mehr gefallen, hatte es also eine andere Wirkung auf dich?

Stücke unterscheiden sich somit nicht nur, wenn sie mit anderer Besetzung gespielt oder in eine andere Stilrichtung übertragen werden, sondern auch bei einer festen Version. Variation gibt es dann zum Beispiel durch eine andere Geschwindigkeit, Betonungen, Pausen oder mehr oder weniger Intensität in der Dynamik. Und das obwohl exakt die gleichen Noten gespielt werden.

Welches ist jetzt die 'richtige' Version? Die, die dein Musiklehrer oder Dirigent sich vorstellt?

Die Noten selbst scheinen oft schon eine große Autorität auf uns auszuüben. Wir können sie als strikte Regel und Vorschrift interpretieren, die es um jeden Preis einzuhalten gilt. Nach anstrengendem Üben kann das Resultat eine dieser technisch einwandfreien Aufführungen werden. Man hört hin – abgesehen von einer oberflächlich beeindruckenden Mechanik ist da aber nichts weiter zu spüren. Die Musik kann Zuhörer (inklusive dem Interpreten selbst) nicht erreichen und ergreifen.

Wir können Noten aber auch einfach nicht so ernst nehmen, sie lediglich als ein Gerüst betrachten. Das heißt nicht, sie nach Lust und Laune komplett zu ignorieren oder das als eine Ausrede für falsches Spielen zu nehmen. Doch es kann niemals alles, was wir bei einer Interpretation machen, mit Symbolen abgebildet werden.

Noten sind ein wichtiges Werkzeug, im klassischen Bereich ebenso wie für andere Genres. Zum Beispiel können Lead-Sheets einen entsprechenden Rahmen vorgeben, damit sich das Ganze trotz Improvisation harmonisch und nicht zu einem totalen Chaos entwickelt. Allein sind Noten jedoch niemals ausreichend, dass wirklich Musik entsteht. In der extremsten Form merkt man das, wenn man sie mit einem entsprechenden Programm durch einen Computer abspielen lässt.

Mit zunehmender Erfahrung kannst du den Klang deiner Musik variieren, verschiedene Akzente durch Veränderung der Intonation oder Harmonien setzen und damit verschiedene Ergebnisse erreichen. Den zuvor erwähnten 'Liebestraum' kann ich heute mit einer melancholischen Wirkung interpretieren oder mit einer fast schon fröhlichen Leichtigkeit – ohne die Noten oder Tonart zu verändern.

Falls du gerade noch ein wenig Zeit hast, hier ein paar Fragen: Hast du schon einmal exakt einen Sound oder Performance kopieren wollen, im wahrsten Sinne krampfhaft versucht, ein Idol zu imitieren? Wenn ja, hat das im Endeffekt funktioniert? Im Hinblick auf das letzte Kapitel, wo ist dabei deine Aufmerksamkeit?

Worauf ich hinaus will: verschiedene Versionen haben alle ihre Berechtigung. Selbstverständlich trifft das auch auf deine Interpretationen zu. Nur weil wir nicht exakt genauso klingen wie der große Star XY – wobei wir ja gar nicht wissen, wie sehr das Ganze inszeniert, nachbearbeitet und optimiert wurde – ist unsere Musik nicht weniger wertvoll.

Lange habe ich bezüglich dieses Punkts an meinem Spielen gezweifelt. Zum Teil lag es daran, dass ich nicht aufmerksam genug war. Ich habe nicht gehört, wo die Unterschiede wirklich lagen. Durch Training meiner Wahrnehmung konnte ich einige Stellen besser verstehen, entsprechende Korrekturen vornehmen und mich den gehörten Versionen annähern. Trotzdem gibt es immer noch Unterschiede – doch gerade auf die bin ich inzwischen sogar ein wenig Stolz! Es ist meine Interpretation und diese hat ihren Platz. Sie ergänzt alles, was es schon gibt. Und das Gleiche machst du mit deiner Musik.

Mit der Zeit finden wir zu eigenen Interpretationen. Nicht dadurch, dass wir auf Biegen und Brechen anders sein wollen, sondern weil unsere Musik wiederspiegelt, mit welchen Liedern, Musikrichtungen, Techniken oder gar Instrumenten wir uns beschäftigt haben. Das ist in Summe immer einzigartig.

Durch das Kennenlernen verschiedener Versionen und Beobachtung, was andere Musiker machen, können wir fast genauso viel lernen, wie während wir uns selbst zuhören. Erleben wir, wie vielfältig verschiedene Interpretationen sein können, lernen wir auch Facetten, die unser eigenes Spiel ausmachen, wirklich Wert zu schätzen. Dann können wir mit der eigenen kritischen Stimme, die sich ab und zu wahrscheinlich wieder zu Wort meldet, besser umgehen. Sie zwar hören, aber nicht mehr ganz so ernst nehmen und zur Freude am Spielen und Entdecken zurückkehren.

Wenn du magst, kannst du noch einen Schritt weiter gehen. Statt lediglich Anhören und Beobachten kannst du bei anderen Musikern nachfragen, was sie tun und warum sie ihr Spiel so gestalten, wie sie es tun. Die meisten werden sich über Interesse an ihrer Arbeit sehr freuen.

So habe ich beispielsweise einen Gitarren-Lehrer und Komponisten aus Kalifornien, den ich nur aus einem Video kannte, eine E-Mail geschrieben. Ich wollte verstehen, welche Schlagtechnik er bei einem seiner spanisch klingenden Songs verwendet, da das aus der Aufnahme nicht ganz ersichtlich wurde. Er hat prompt geantwortet und wenig später sogar ein Video veröffentlicht, in dem er Details zu dem Stück erklärte.

Lass mich gerne daran Teil haben, was du so herausfindest. Vielleicht habe ich hier ja was Wichtiges vergessen...

Wie klingt das wohl... ?

Mit der Zeit lernte ich viele verschiedene Musiker kennen. Einige habe ich besonders bewundert. Sie waren ungefähr im selben Alter und spielten etwa so lange wie ich – allerdings konnten sie improvisieren, ohne Noten schnell mal jemanden begleiten oder hatten schon eigene Stücke komponiert. Mir war das scheinbar nicht möglich, aber warum nur?

Bereits jahrelang hatte ich Unterricht, war Teil von Orchestern, habe unzählige verschiedene Stücke erarbeitet – die meisten wieder vergessen – und war bei zahlreichen Auftritten und Wettbewerben dabei. Trotz all dieser Erfahrungen hatte ich irgendwie noch nicht gelernt, wirklich eigenständig Musik zu machen. Musste ich mich vielleicht mehr anstrengen und zusätzlichen Unterricht nehmen?

Die meiste Zeit hatte ich 'klassischen' Unterricht. Damit meine ich nicht Stücke der entsprechenden Epoche, sondern die Art des Unterrichts: an der örtlichen Musikschule und von den dort ansässigen Lehrern. Am Anfang standen die Grundlagen im Umgang mit dem Instrument und im weiteren Verlauf ging das Ganze dazu über, ein Stück nach dem anderen zu lernen. Zwischendurch gab es ab und an mal ein paar technische Übungen oder Etüden, im Kern ging es jedoch darum, Noten möglichst akkurat wiederzugeben. Wenn es dann ungefähr so war, wie der Lehrer es sich vorstellte, galt ein Stück als 'fertig'.

So werden wir mit der Zeit zu einem hervorragenden Plattenspieler.

Mit ein wenig Übung kann man wiedergeben, beziehungsweise ab-spielen, was auf Notenblättern steht. Genau das konnte ich irgendwann richtig gut, aber eben auch nicht mehr. Willst du lediglich Noten wiedergeben, und bist du damit zufrieden, vollkommen legitim.

Oder willst du lieber selbst Musik erschaffen können? Nicht unbedingt gleich aus dem Nichts neue Stücke komponieren, doch vielleicht in der Lage sein, deine Musik nach Belieben ein wenig zu variieren?

War Improvisation Teil deiner Ausbildung, so ist dir die grundlegende Idee dieses Kapitels vermutlich klar. Für die meisten Hobby-Musiker sieht der Unterricht allerdings so aus, wie oben beschrieben. Viele erleben darüber hinaus leider nichts weiter und bleiben ihr Leben lang auf der Plattenspieler-Stufe stehen.

Nein, ich bin heute kein improvisierender Jazz-Virtuose. Sind Akkorde als eine kryptische Reihe aus Buchstaben und Ziffern notiert, so muss ich erst mal tief durchatmen, intensiv nachdenken und mir die Noten Schritt für Schritt zusammensuchen.

Ungeachtet dessen kann ich mittlerweile einfach ein wenig drauf los spielen, eine wohlklingende Harmonie und Melodie zusammenstellen und auf Basis grober Vorgaben begleiten. Eine Handvoll selbst geschriebener Songs gehört inzwischen ebenfalls zu meinem Repertoire. Ich habe also so einiges nachgeholt. Das war eine wundervolle Entdeckungsreise, die auch heute noch andauert und vermutlich nie enden wird.

Dabei half es nicht, mich zwanghaft mit immer mehr Dingen von außen zu beschäftigen. Weder der Konsum, das Auswendiglernen von massenweise Noten (auch wenn diese aus unterschiedlichsten Stilrichtungen stammen), noch Ergänzung des praktischen Unterrichts durch theoretische Harmonielehre oder intensivste Gehörbildung führt zu einem wirklichen Verständnis von Musik.

Ich sage ausdrücklich nicht, dass diese Themen nichts bringen und komplett ignoriert werden können. Doch keines davon ist der ausschlaggebende Faktor. Es ist vergleichbar mit der Fähigkeit zu Sprechen: deine Muttersprache kannst du vermutlich ziemlich gut, und das ganz ohne ein detailliertes Wissen aller zu Grunde liegenden theoretischen Grammatik-Regeln oder gar Kenntnisse der Anatomie und logopädischer Übungen.

Um viele Bereiche des Musikmachens zu verstehen und zu beherrschen, wirklich ein Gefühl dafür zu entwickeln, hat mir etwas völlig anders geholfen:

Einfach nur Herumspielen.

Heute mache ich das ganz automatisch und verändere Stücke zwischendurch ein wenig. Ohne Ziel, ich probiere einfach spielerisch aus, worauf ich Lust habe.

Was passiert wohl, wenn ich hier Noten weglasse oder eine Verzierung zusätzlich spiele? Funktioniert das, wenn ich diesen Akkord und damit die Harmonie verändere? Wie hört es sich an, wenn ich hier alle Noten gleichzeitig spiele? Was passiert, wenn ich mechanisch etwas verändere, meine Hand ein wenig anders halte, mehr oder weniger Anspannung verwende? Geht auch Staccato statt Legato? Die Passage aus dem Stück letztens gefiel mir wirklich gut, könnte ich das nicht vielleicht hier mit einbauen?

Zwischendurch übertreibe ich gerne mal ganz bewusst. Mit voller Lautstärke, extrem leise, viel langsamer oder so schnell wie möglich. Voller Neugierde, wie sich das wohl anhört und wirkt, ob ich das hinbekomme oder es noch ein wenig mehr Zeit und Übung braucht. Manchmal merke ich dabei: "Ach, so funktioniert das! Wenn ich das mache, klingt es plötzlich wie bei dieser Aufnahme, die ich letztens gehört habe..."

Oder ich gehe gar nicht von einem Stück aus. Stattdessen fange ich mit einer simplen Melodie an und suche nach Akkorden, die gut dazu passen. Beziehungsweise umgekehrt, ich nehme ein paar Akkorde, probiere verschiedene Reihenfolgen, Umkehrungen und Rhythmen aus und singe eine simple Melodie dazu. Und ehe man sich's versieht ist man selbst am Komponieren und Songs schreiben... So hat das zumindest bei mir angefangen. Ich habe mich damals nicht mit einem Ziel hingesetzt: "Jetzt schreibe ich auf jeden Fall einen kompletten Song!"

Zu Beginn des Herumspielens ist natürlich öfter mal was dabei, was ziemlich schief klingt, und das darf auch so sein. Allerdings überrascht es mich immer wieder aufs Neue, wie oft die Finger selbstständig die nächste Position zu finden scheinen – von C beispielsweise nach F oder G oder Am – und wie das dann meistens doch ganz gut und harmonisch klingt. Ich bin mir sicher, das wird bei dir ähnlich sein. Rein durch das Lernen nach Noten haben wir nämlich unbewusst schon viele Muster verinnerlicht, zum Beispiel den berühmten Quintenzirkel. Darauf können wir sehr schnell aufbauen.

Der Vorschlag lautet also: sich immer mal wieder Zeit für spielerisches Ausprobieren nehmen. Beurteilung und Bewertung (besonders auch die eigene) vorübergehend außen vor lassen, Vorgaben von Noten nicht so ernst nehmen und ausloten, was alles möglich ist. Für eine Analyse, was alles nicht perfekt ist und die Arbeit an einer akkuraten Umsetzung der Noten ist später noch genug Zeit. Versprochen.

Dieses selbstständige Entdecken, oder im ersten Schritt vielleicht nur vorsichtige Variieren, kommt im handelsüblichen Instrumentalunterricht normalerweise nicht vor. Oder hat dich dein Lehrer schon einmal animiert, ohne Vorgaben einfach loszulegen?

Dabei ist das bewusste Ausprobieren meiner Erfahrung nach die wohl effektivste (und vielleicht sogar einzige) Methode, etwas wirklich zu Lernen und vollständig zu verinnerlichen.

Ich habe das unter anderem beim Singen erlebt. Auch wenn ich dafür nicht sonderlich talentiert bin, mache ich es gerne und wollte ein wenig dazulernen. Viele Wochen, Gesangsstunden und Stimmübungen später habe ich ein paar Grundlagen gelernt, anders mit der Stimme umzugehen. Doch das Verhältnis aus Aufwand und Resultat war leider sehr gering. Nur selten konnte ich Tonhöhen genau und in einer Klangfarbe treffen, die ich gerne gehabt hätte. Brauchte ich eine andere, bessere Methode?

Ich habe es versucht, ebenfalls mit wenig Erfolg. Nach einigen Monaten und etwas Frustration probierte ich dann was ganz anderes: An Stelle vorgegebener Übungen spielte ich mit meiner Stimme herum. Ich saß am Klavier, spielte eine einzelne Note und versuchte diese möglichst akkurat zu treffen. In Kombination mit genauem Hinhören, welchen Ton ich erzeugte und wie anstrengend oder entspannt es sich anfühlte, bekam ich unglaublich schnell ein Gefühl dafür, mit meiner Stimme umzugehen. Außerdem macht es richtig viel Spaß, allerlei komische Geräusche zu machen ☺

Innerhalb kürzester Zeit erreichte ich damit weitaus mehr als durch den anfänglichen Unterricht und dem stumpfen Befolgen vordefinierter Methoden und deren Übungen – die für absolut alle funktionieren, und natürlich mit 10 Tagen Geld-zurück-Garantie!

Im Nachhinein habe ich einzelne Teile und Übungen wieder aufgegriffen. Jetzt kann ich sie gezielt anwenden, wann und wo sie für mich hilfreich sind.

Damit verurteile ich nicht generell alle Methoden. Gerade um eine erste Basis zu schaffen, kann es durchaus helfen, einer Methode zu vertrauen und ihr eine Zeit lang zu folgen. Allerdings kann kein Programm oder Lehrer dir alle Antworten geben und dein ganzes Potential ausschöpfen. Das kannst nur du, indem du mehr und mehr Vertrauen in dich selbst aufbaust. Und manchmal heißt das eben auch, Abstand nehmen und etwas anderes versuchen, was für dich besser funktioniert.

Einfach ausprobieren wie Verschiedenes klingt, brachte weitere positive Nebenwirkungen mit sich. Ich lernte viel über die Strukturen, welche der Musik zu Grunde liegen und wie diese im Zusammenspiel funktionieren. Dazu gehören zum Beispiel verschiedene Melodiefolgen, Verzierungen, Rhythmen, Harmonien oder wie größere Abschnitte von Liedern strukturiert sind. Dadurch lese ich Noten inzwischen ganz anders, nicht mehr so linear wie früher.

Halten wir uns beim Üben ausschließlich an Noten, lernen wir zwar unbewusst einige dieser Muster auswendig, entwickeln aber kein wirkliches Verständnis dafür. Es fehlt der Vergleich zu anderen Variationen, insbesondere solchen, die überhaupt nicht gut klingen. Ohne diesen Kontrast – es praktisch zu erleben, statt nur theoretisch auswendig zu lernen, was 'richtig' ist – können wir nur schwer die Wirkung verstehen. Dann können wir keine eigene Musik erschaffen, sondern bleiben sozusagen abhängig von Noten.

Dennoch ist das Studium von Musik-Literatur verschiedener Epochen und Genres eine wertvolle Erfahrung. Auf dieser Basis können wir erneut herumspielen und immer neue Möglichkeiten entdecken. So ersetzt das Herumprobieren nicht alles andere, sondern ergänzt und bereichert es.

Durch das spielerische Ausprobieren trainieren und lernen wir also viel mehr, als auf den ersten Blick ersichtlich. Das genaue Hinhören bis hin zu Harmonielehre und sogar Komposition. Und das ohne spezifischen Unterricht eines hochspezialisierten Experten für die jeweilige Disziplin.

Wie sieht's aus, einen Versuch wär das Ganze vielleicht mal wert, oder was denkst du gerade?

Wie wär's mal mit 'ner Pause?

Ich weiß, du willst diese eine Stelle jetzt unbedingt hinbekommen – und zwar möglichst sofort und absolut fehlerfrei! Vielleicht steht ein wichtiger Termin an, zu dem du das Stück besonders gut können musst. "Wenn ich das jetzt noch ein paar Mal öfter und viel konzentrierter spiele, dann muss das doch möglich sein!"

Gerade bei langen Übungs-Sessions kommt es leicht vor, dass man sich darin verliert. In der Situation habe ich früher alle Methoden versucht, die mir einfielen: mehrfach langsam durchspielen, beide Hände getrennt, mit Metronom, nochmal den Fingersatz checken und so weiter...

Trotzdem wollte es oft einfach nicht klappen! Ganz im Gegenteil, je mehr ich mich anstrengte, desto ungenauer und fehlerhafter schien das Ergebnis zu werden. Hatte ich was übersehen, bisher nicht die richtigen Schritte zum effizienten Üben gefunden?

Als ich nicht mehr weiter wusste, hörte ich erschöpft auf. Erst am nächsten Tag setzte ich mich aufs Neue dran. Für das Üben hatte ich gleich einen längeren Zeitraum eingeplant. Ich war mir sicher, einiges an Aufwand investieren zu müssen, bis ich das Stück schließlich hinbekomme...

Doch es kam anders. Direkt beim ersten Durchspielen funktionierte die Stelle plötzlich! Auf einmal ging es viel leichter und besser als noch keine vierundzwanzig Stunden zuvor.

Das wiederholte sich mehrmals, immer mit demselben Effekt. Irgendwann fing ich an, es ganz bewusst einzusetzen. Ertappe ich mich heute dabei, dass ich fast schon verbissen an einem Stück arbeite, höre ich einfach auf. Ich lasse es erst mal gut sein, auch wenn ich in dem Moment gerade sehr ehrgeizig oder frustriert bin. Ich weiß dank der Erfahrung, dass ich trotzdem bereits etwas gelernt habe. Wahrscheinlich benötigt es nur wieder ein wenig mehr Zeit...

Die biologischen oder psychologischen Hintergründe dazu kenne ich nicht in allen Details. Trotzdem möchte ich kurz mein aktuelles Verständnis davon mit dir teilen:

Beim Lernen machen wir nichts geringeres, als in unserem Gehirn neue Muster (Verbindungen zwischen den Zellen) auszubilden, welche letzten Endes unsere Muskeln und Bewegungen steuern. Durch das Spielen aktivieren wir diese Netzwerke. Üben hat also einen direkten Effekt, nur merken wir den nicht sofort. Wir, beziehungsweise unser Gehirn braucht etwas Zeit, um die neuen Muster zu verarbeiten und zu stabilisieren. Erst wenn sie stark genug ausgebildet sind, merken wir: Jetzt klappt es auf einmal! Und noch dazu ganz automatisch!

Zwei wichtige Punkte zur Ergänzung: Es gilt nicht, dass das alles umso schneller oder besser abläuft je mehr und intensiver man übt. Außerdem funktioniert die Ausbildung neuer Strukturen nur, wenn wir auch emotional bei der Sache sind, also wenn wir es wirklich gerne machen. Erinnerst du dich an das erste Kapitel?

Man könnte das alles jetzt viel detaillierter ausführen, aber das würde den Rahmen sprengen und nicht mehr dem Zweck dieses Buches dienen. Gelernt habe ich diese Zusammenhänge durch den Neurobiologen Gerald Hüther. Wenn dich das besonders interessiert und du hier tiefer einsteigen möchtest, dann empfehle ich gerne seine Bücher und vor allem Vorträge (viele Mitschnitte sind auf einschlägigen Videoportalen zu finden). Diese sind übrigens nicht wissenschaftlich formuliert, sondern ganz normal verständlich.

Ich finde diese Hintergründe zwar sehr interessant, doch das Wissen darüber ist nicht wirklich entscheidend. Schon bevor ich davon erfahren habe, hatte ich ein Gefühl für die Bedeutung von Pausen entwickelt. Jahrelange Beobachtung bestätigte mir immer wieder, welchen positiven Effekt diese haben. Zumindest dann, wenn man es nicht als Ausrede nimmt, überhaupt nicht mehr zu üben.

Manchmal steht man vor besonders schwierigen Passagen oder ganzen Stücken. Dennoch übe ich dann keine übermäßig langen Zeiträume, also nicht gleich mehrere Stunden am Stück. Aus Erfahrung weiß ich, ich lerne dadurch nicht schneller oder besser, sondern es führt eher zu Erschöpfung. Danach braucht man in der Regel längere Erholungsphasen und hat im schlimmsten Fall eine Zeit lang gar keine Lust mehr zum Spielen.

Außerdem lege ich bei der Arbeit zwischendurch immer mal wieder eine kurze Pause ein. Währenddessen mache ich mir in Ruhe einen Tee oder Kaffee und spiele danach nochmal weiter. Dabei lenke ich mich nicht durch andere Dinge ab, die meine Aufmerksamkeit regelrecht auffressen, wie beispielsweise Mails oder sonstige Nachrichten. Das wäre keine Pause und hätte keine vergleichbare Wirkung – ich habe es ausprobiert. Aber du musst mir nicht einfach glauben. Wenn du magst, mach das Experiment gerne einmal selbst und beobachte jeweils den Effekt.

Bei einem umfangreichen Werk kommt es vor, dass ich einige Tage hintereinander fast ausschließlich dieses eine übe. Dabei erreicht man schon mal ein Plateau: man kommt nicht weiter, eine Stelle will einfach nicht funktionieren, einen Teil kann man sich nicht auswendig merken – es hängt doch immer an derselben Stelle! Oder sobald man ein wenig schneller spielt, schleichen sich erneut Fehler und Unregelmäßigkeiten ein. Dann nehme ich mir auch mal eine längere Auszeit, nicht nur bis zum nächsten Tag, sondern einige Tage am Stück, zum Beispiel ein ganzes Wochenende.

Oft 'sagt' uns der eigene Körper, dass es wirklich Zeit für eine Auszeit wäre. Eine leichte Verspannung, Verkrampfung oder wenn ich die akkurate Körperhaltung zum Spielen nicht mehr aufrechterhalten kann, habe ich als hilfreiche Hinweise zu schätzen gelernt. Doch manchmal sind wir gerade derart involviert, dass wir diese Signale gar nicht mehr wahrnehmen. Besonders häufig kommt das bei kreativer Arbeit vor, wie beispielsweise dem Komponieren.

Hier kann es helfen, sich von vorneherein einen groben zeitlichen Rahmen vorzugeben. Als Beispiel habe ich große Teile dieses Buches am Wochenende ungefähr in der Zeit zwischen 10 und 12 Uhr geschrieben. Dann habe ich eine Pause eingelegt und mir die Zeit genommen, zu Kochen oder sonstige Arbeiten im Haushalt zu erledigen. Manchmal habe ich dann abends nochmal ein wenig weiter hieran gearbeitet.

Pausen einlegen heißt nicht zwangsläufig, überhaupt nichts musikalisches mehr zu tun. So nehme ich zwischendurch mal die Gitarre in die Hand, wenn ich eigentlich am Klavier sitze. Oder ich löse mich von der Stelle, die ich aktuell gerade übe und spiele ein ganz anderes Stück durch, auf dass ich Lust habe – dazu gleich mehr im nächsten Kapitel.

Solche Abwechslungen wirken vorbeugend, damit wir uns nicht versteifen und in etwas hineinsteigern, mit ungünstigen Konsequenzen. Nachdem man was anderes gemacht hat, kommt man wieder frisch zurück und kann nochmal weitermachen. Ich finde es immer wieder aufs Neue beeindruckend, welch große Wirkung eine solche Kleinigkeit haben kann.

Kleinigkeit ist ein gutes Stichwort, dies ist nämlich das kürzeste Kapitel. Es handelt sich ja auch um kein kompliziertes Thema. Den Wert am Umfang zu bemessen wäre jedoch etwas voreilig. Die Beherrschung vermeintlich einfacher aber wesentlicher Grundlagern ist überaus wirkungsvoll. Das kann im weiteren Verlauf den ganzen Unterschied ausmachen.

So habe ich zum Beispiel bei meinen ersten autodidaktischen Schritten an der Gitarre das Plektrum einige Zeit lang falsch gehalten. Nachdem ich diese Grundlage korrigierte, hatte das sofort immense positive Auswirkungen auf den Klang und meine technischen Möglichkeiten. Ohne das hätte ich mich noch so sehr anstrengen und öfter üben können, hätte aber nicht annähernd dieselben Ergebnisse erreicht.

Fazit dieses Kapitels: Pausen sind wertvoll. Entgegen dem ersten Eindruck sind sie essentieller Bestandteil der Arbeit. Es lohnt sich, sie regelmäßig in verschiedenen Varianten und Dosierungen anzuwenden – was übrigens nicht auf Musik beschränkt ist.

Spiel für den Anfang einfach ein wenig damit herum und beobachte, welche Effekte das mit sich bringt. Du kannst dabei nichts falsch machen. Es gibt dazu kein Regelwerk, weder wann du Pause machen sollst, noch wie lange diese genau sein muss. Du weißt es. Du merkst selbst, wenn die Zeit dafür reif ist.

Ich vertraue dir da vollkommen.

Wie wär's mal mit was anderem?

Heute mag ich besonders aussagekräftige oder unterhaltsame Lieder der populären Musik, beispielsweise *'Lean on me'* von Bill Withers, *'Does your mother know'* von ABBA oder *'Aurélie'* von Wir sind Helden. Den Großteil meiner Zeit widme ich Liedern dieser Art. Doch zwischendurch stoße ich immer mal wieder auf ein klassisches Stück, das mir richtig gut gefällt. Wenn nötig, setze ich mich manchmal sogar mehrere Wochen dran, bis ich es vollständig spielen kann.

Genau das war auch vor ein paar Jahren der Fall. Ich arbeitete damals an dem dritten Satz der *'Mondscheinsonate'* von Beethoven. Übrigens nicht zu verwechseln mit dem ersten Satz, der besonders bekannt ist und den vermutlich viele mit dem Namen in Verbindung bringen.

Dabei kam der Moment, an dem ich trotz intensivstem Üben nicht weiterkam. Irgendwie verspannte ich mich immer mehr. Egal wie sehr ich auch versuchte mich zu konzentrieren, ich bekam es nicht annähernd so hin, wie ich wollte. Als mir das bewusst wurde, entschied ich mich, vorerst damit aufzuhören.

Trotzdem hatte ich noch richtig Lust, ein wenig länger Musik zu machen. Also spielte ich was anderes. Welche

Lieder das genau waren, weiß ich nach so langer Zeit nicht mehr. Es war auf jeden Fall was technisch einfacheres, an das ich gerade spontan denken musste. Etwas, das ich ohne groß nachzudenken gut drauf los spielen konnte, ein paar Songs, ein wenig Begleitung und dazu Singen.

Nachdem ich damit eine kurze aber sehr angenehme Zeit verbrachte, beschloss ich, dass es für den Tag nun wirklich genug war. Ich wollte schon aufstehen, doch ich dachte mir: "Ich will das ja so gerne lernen… Ok, ein letztes Mal spielst du das jetzt nochmal durch – und sei es nur für ein gutes Gewissen..."

Das Ergebnis überraschte mich, bereits direkt während dem Spielen. Im Vergleich zum Beginn des Übens hatte sich etwas verändert. Es fühlte sich ganz anders an, auf einmal ging es viel leichter und entspannter. Klar, in der endgültigen Geschwindigkeit und fehlerfrei war es nicht, aber ich griff deutlich weniger daneben und konnte die Phrasen und Dynamik, den Ausdruck insgesamt sehr viel besser umsetzen. Es klang nicht mehr nach holprigem Üben. Was später mal daraus werden sollte, war jetzt deutlich erkennbar.

Scheinbar hatte es eine positive Auswirkung, zwischendurch was anderes zu spielen. Auf den ersten Blick komisch, da es sich um ganz unterschiedliche Musik handelte. Ich hatte damit ja keine Techniken geübt, die für das erste Stück relevant waren. Man könnte meinen, das war einfach derselbe Effekt, wie im letzten Kapitel beschrieben, eine Art Pause, um dann wieder frisch zurück zu kommen. Sicher gibt es da Überschneidungen, doch im

Lauf der Zeit habe ich viel damit herumgespielt und festgestellt, es handelt sich um einen eigenen wichtigen Aspekt.

Leicht bleiben wir in einem engen Rahmen, bei etwas, das wir bereits gut kennen und besonders gerne mögen. Manche konzentrieren sich auf den Bereich der Klassik, andere beschäftigen sich nur mit populärer Musik. Einige fokussieren sich sogar ausschließlich auf noch spezifischere Epochen oder Sub-Genres, wie beispielsweise Barock, Romantik, Blues, Jazz, Pop, Musical, Volksmusik, Hardcore-Death-Metal-Electro-Punk, und was es da inzwischen so alles an Kategorien gibt…

Keine Frage, mit einem solchen Fokus kann man über die Maßen erfolgreich werden. Allerdings wird das irgendwann wahrscheinlich ein wenig monoton und alles klingt gleich – hier muss ich zwangsläufig an die Band AC/DC denken… Hier geht es nicht um wirtschaftlichen Erfolg, sondern die Entwicklung der eigenen Musik und Fähigkeiten. Dabei schränken wir durch geringe Abwechslung und wenig neue Ideen unbewusst unsere Möglichkeiten und Kreativität ein.

Sich auf einen engen Bereich festzulegen, erleben wir in aller Regel schon im Unterricht. Musiklehrer spezialisieren sich oft auf eine oder wenige Musikrichtungen und bieten ihren Schülern fast ausschließlich Stücke daraus an. So habe ich mich ja auch erst nach Jahren überwiegend klassischer Ausbildung auf dem Klavier auf eigene

Initiative mit den weiteren großartigen Möglichkeiten des Instruments beschäftigt.

Manchmal denkt man, mit dieser oder jener Musik kann ich wirklich überhaupt nichts anfangen! Bei mir war das lange Zeit bei Mozart der Fall. Viele dieser Stücke empfinde ich noch immer als eher langweilig – und doch, der erste Satz der *Symphonie Nr. 40 in G-Moll (KV. 550)*, fällt für mich positiv aus dem Rahmen. Auch die melancholische Stimmung der meisten Chopin-Stücke finde ich relativ anstrengend, bei seiner *Wasserfall-Etüde (Op.10 Nr. 1)* wusste ich hingegen sofort beim ersten Mal hören, dass ich das selbst spielen will. Ein paar Monate später (es handelt sich um ein wirklich anspruchsvolles Stück) war das der Fall. Umgekehrt hat sich das Lernen dieser Noten wiederum positiv ausgewirkt, als ich dann an weiteren Pop-Songs arbeitete.

Man muss sich dazu jedoch nicht zwanghaft mit allen verfügbaren Formen von Musik beschäftigen. Es gibt einige wenige Genres, die ich komplett meide. Dazu zählt zeitgenössische, atonale oder übertrieben 'aggressive' Musik. Es handelt sich dabei nicht um Vorurteile meinerseits, denn in der Vergangenheit habe ich bereits entsprechende Stücke gespielt. Nur wenn ich mir solche Musik anhöre, merke ich, wie ich danach viel unruhiger und gestresster bin als vorher. Und aus diesem Grund beschäftige ich mich nicht mehr damit, weil ich diese Wirkung nicht in meinem Leben haben will.

Ich plädiere nicht dafür, dass jeder gleich eine vollständige Ausbildung in allen möglichen Stilrichtungen haben

soll. Gerade im Hinblick darauf, was einem selbst besonders Freude bereitet (Kapitel 2), wäre das sogar ein Wider-
spruch. Bleibt grundlegender Unterricht jedoch dauerhaft
in einem zu engen Rahmen wird leider oft auch später
vieles nie mehr ausprobiert. Eventuell vorhandene
Potentiale können dann nicht zum Vorschein kommen.
Und, worum es hier in erster Linie geht: unterschiedliche
Stücke können ein überaus hilfreiches Werkzeug für das
Üben der Musikrichtung sein, die dir am besten gefällt.

An dieser Stelle kann ich dich also nur ermutigen, unterschiedliche Musik, die dir gefällt, auszuprobieren und in
dein Repertoire aufzunehmen. Auch wenn du vielleicht
alles andere aus dem Genre überhaupt nicht leiden kannst.
Zum Lernen gibt es fast immer Möglichkeiten, falls nötig
bei verschiedenen Lehrern, in Kursen, Ensembles, Orchestern – oder komplett auf eigene Faust.

Wenn es dich interessiert, was hindert dich daran, es mal
zu versuchen?

Die 'Technik' des Wechselns zwischen verschiedenen
Stücken wende ich inzwischen fast täglich an. Nach
einiger Zeit intensiven Übens spiele ich ganz bewusst was
anderes. Ich wechsle zwischen klassischen Werken und
Begleitung im Bereich Pop-Musik, oder ich greife auf
Filmmusik oder meine eigenen Songs zurück. Manchmal
nehme ich zwischendurch die Gitarre zur Hand, während
ich am Klavier sitze.

Es gibt dazu keine Regeln, ich mach, was mir in dem
Moment in den Sinn kommt. Nach einiger Zeit kehre ich

zum ursprünglichen Stück zurück und bin gespannt, ob sich auch dieses Mal wieder was verändert hat. Ich kann mich nicht erinnern, dass ich dabei jemals enttäuscht wurde.

Unterschiedliche Arten von Musik wiedersprechen sich nicht, sondern bereichern sich gegenseitig - zumindest beim Üben.

Was hier passiert, erkläre ich mir so: bei dem Wechsel zu einem anderen Stück fokussiert man sich auf dessen Besonderheiten. Kehrt man dann zurück, nimmt man im Kontrast die speziellen Aspekte der Musik wieder viel klarer wahr. Das führt dazu, dass man diese gleich besser umsetzen kann, auch wenn das nur unbewusst abläuft.

Außerdem hat es einen spürbaren physiologischen Effekt. Beim konzentrierten Üben eines einzigen Stücks macht man ständig dieselben Bewegungen. Gleicht man diese zwischendurch aus, indem man andere Noten spielt, können sich Teile der Muskulatur wieder ein wenig entspannen und erholen.

Eine Wirkung ist meist schon bei kurzer Abwechslung spürbar, wie in der Geschichte zu Beginn des Kapitels beschrieben. Das Gefühl dabei ist nicht wirklich in Worte zu fassen, man muss es aus erster Hand erleben. Wenn du also Lust darauf hast, probier's gerne mal aus! Es kostet schließlich nicht viel Zeit und mehr als nichts bringen kann's ja nicht. In dem Fall kannst du einfach wieder weitermachen, wie zuvor.

Hast du dich bislang noch nicht mit unterschiedlichen Musikrichtungen beschäftigt, ist das kein Hindernis. Du kannst für den Anfang irgendein anderes Stück nehmen, dass du gut kannst und das dir natürlich richtig Spaß macht. Das ein paar Mal durchzuspielen und anschließend zum Üben zurückzukehren, kann schon ausreichen, damit sich eine erste Wirkung zeigt.

Alternativ kannst du ein wenig mit deinem Instrument herumspielen. Ohne Noten ein paar Ton- oder Harmoniefolgen testen, ganz egal was dabei herauskommt, ob es angenehm oder total schief klingt. Wäre Musik ohne Dissonanzen und deren Auflösung nicht ziemlich langweilig?

Auch wenn vielleicht Zweifel aufkommen, ob diese Dinge wirklich funktionieren oder gerade für dich das Richtige sind – ein paarmal ausprobieren kannst du es trotzdem. Klarheit und den eigenen Weg findet man oft erst, nachdem man anfängt in eine Richtung loszugehen…

Gibt's noch mehr?

Selbstverständlich.

Wie wär's zum Beispiel damit?

Früher habe ich bei jedem Stück mit der ersten Seite angefangen und Schritt für Schritt die weiteren Abschnitte gelernt, bis ich schließlich am Ende ankam. Mit der Zeit viel mir auf, dass ich dadurch bei umfangreichen Werken oft ein und dasselbe Problem hatte: die Teile zu Beginn konnte ich schon ganz gut und im Tempo, gegen Ende wurde es allerdings immer holpriger. Viele klassische Werke steigern sich zum Schluss zu einem intensiven und komplexen Finale, beispielsweise mit schwierigen Tonleitern oder Arpeggios in hoher Geschwindigkeit. Diese erfordern zum Lernen natürlich mehr Zeit als andere Abschnitte.

Vor einigen Jahren, ich glaube es war in einem Video, bin ich dann auf den Tipp gestoßen, Noten von Hinten her zu erarbeiten. Obwohl eigentlich naheliegend, hatte ich nie daran gedacht. Ich hatte sofort Lust, das auszuprobieren. Könnte ja sogar Spaß machen! Also begann ich beim nächsten Stück mit dem letzten Abschnitt und arbeitete mich sukzessiv nach vorne.

Als ich bei den ersten Seiten ankam, trat genau der erhoffte Effekt ein: die hinteren Teile klangen bereits richtig gut und waren annähernd im finalen Tempo. Klar, diese hatte ich jetzt ja viel öfter geübt oder schnell ein weiteres Mal mit durchgespielt, während ich vorne an einer neuen Stelle arbeitete. Relativ zügig lernte ich den technisch nicht so anspruchsvollen Beginn und konnte damit schließlich das gesamte Stück. Und das ohne schwindende Motivation, weil man einen Teil schon wirklich gut kann und einen anderen noch fast überhaupt nicht. Inzwischen ist das zu meinem Standard-Vorgehen bei umfangreichen Werken geworden.

Außerdem könnte man viel über die Strukturen und den Aufbau von Musik sagen. Damit meine ich nicht nur klassische Harmonielehre, sondern auch Phrasen und Motive in Melodie, Rhythmus und Song-Texten. Einzeln oder im Zusammenspiel können sich jeweils sehr unterschiedliche Wirkungen ergeben. Ein solches Verständnis hilft beim Üben und bei der Interpretation. Es ermöglicht, sich auf sinnvolle Abschnitte zu konzentrieren, so dass deren Effekte besser zur Geltung kommen können.

Auf einer anderen Ebene kann es das eigene Spielen bereichern, wenn man den Kontext versteht, in dem ein bestimmtes Stück entstanden ist. Zum Beispiel wann es geschrieben wurde und was die dabei vorherrschende Kultur ausmachte. Das fließt unweigerlich in jede Komposition mit ein. Was der hohe Anteil chaotischer Musik mit depressiven Texten im Umkehrschluss wohl über unsere aktuelle Kultur verrät?

Im Unterricht ist so gut wie nie Zeit für solch tiefer gehende Betrachtungen. Ich denke es ist ohne weitere Ausführung ersichtlich, dass es ganz viele solcher Faktoren gibt, die einen Einfluss auf die Qualität der eigenen Musik haben können. Doch was heißt das jetzt, soll es eine Fortsetzung dieses Buches geben und wird erst damit alles wirklich vollständig erklärt?

Je länger und ausführlicher man sich mit einem Gebiet beschäftigt, desto mehr Details, Facetten und Zusammenhänge findet man. So ist auch Instrumente lernen und Üben ein nahezu unendlich umfangreiches Thema. Wir können nie an allen Techniken und Faktoren arbeiten – aber das ist auch überhaupt nicht nötig! Sicherlich hast du schon mal von professionellen Musikern gehört, die nie Noten lesen gelernt haben und trotzdem beeindruckende, wirkungsvolle Musik erschaffen.

Immer mehr 'Content' schadet sogar mehr, als dass er nutzt. Die Beschäftigung damit führt lediglich zu Ablenkung vom Wesentlichen und dem Irrglauben, allein durch mehr Wissen noch besser, irgendwann perfekt werden zu können.

Wie die hochglanz-polierten Künstler, die uns täglich in den Medien präsentiert werden: man könne sich einfach hinsetzen und die kompliziertesten Stücke mal eben drauf los absolut perfekt spielen. Das ist lediglich Entertainment und Marketing, ein aufwendig inszenierter Ausschnitt.

Das hat nicht das Geringste damit zu tun, mit wahrer Freude Musik zu machen, mit Begeisterung zu lernen, sich weiter zu entwickeln, alleine und in Gemeinschaft mit anderen.

Ein letzter Hinweis fehlt allerdings noch. Ich habe dir ja jetzt ne ganze Menge Ideen mitgegeben. Wenn man sie alle umsetzt und kombiniert, entfalten sie zusammen nochmal eine sehr viel größere Wirkung, als einzeln für sich genommen. Doch für den Anfang kann ich dir nur raten, nicht gleich alles auf einmal zu versuchen. Wie in der Einleitung geschrieben, nimm fürs Erste das, was dich am meisten interessiert. Wenn du dann Lust hast, kannst du nach und nach auch die anderen Ansätze ausprobieren und ergänzen. Du hast genug Zeit. Es handelt sich hier nicht um ein Wettrennen, wer als erstes fertig ist. Was auch immer 'fertig' beim Lernen von Musik bedeuten soll...

Damit will ich es nun bewusst dabei belassen. Ich will dir nichts vorenthalten, ganz im Gegenteil. Alles, was ich über die Jahre als wirklich grundlegende Prinzipien herausgearbeitet habe, habe ich dir mitgegeben. Darüber hinaus vertraue ich vollkommen darauf, dass du selbstständig alle für dich relevanten Dinge entdecken und lernen wirst. Genau wie bei meiner Geschichte zuvor, beim Finden und Ausprobieren des für mich nützlichen Tipps, Lieder von hinten nach vorne zu erarbeiten.

Im Kern ist dieses Buch einfach eine kleine Anregung, das Üben und Lernen anders zu betrachten, die eigene

Beziehung zur Musik zu reflektieren und liebevoller zu gestalten. Ich habe diese Punkte so explizit noch nirgendwo gehört oder gesehen, daher habe ich sie in dieser konzentrierten Form aufbereitet und angeboten.

Dabei gab es natürlich viele wichtige Inspirationsquellen. Bereits vor einigen Jahren habe ich ein Buch gelesen, das mich nachhaltig geprägt hat. Daher empfehle ich es sehr gerne weiter. Es handelt sich um *'The Inner Game of Music'* von Timothy Gallwey (es ist auch in deutscher Übersetzung verfügbar, mit dem etwas sperrigen Titel *'Inner Game Musik: Der Mozart in uns'*). Dort findest du weitere Anregungen, sowie Erklärungen zu den Hintergründen, wie und warum manche Dinge funktionieren, die ich hier vorgeschlagen habe.

Zum Abschluss ein wenig Selbstreflexion:

Methoden und Ratgebern liegt in aller Regel zu Grunde, dass die beschriebenen Punkte einzelnen Menschen geholfen haben. Man geht weiter davon aus, dass jeder, der die beschriebenen Dinge ebenfalls umsetzt, die exakt gleichen Ergebnisse erreichen kann.

Und da liegt ein großes Problem: man trennt die Methode von den Personen, die sie benutzt haben. Dabei vergisst man völlig, dass jeder seine eigenen Voraussetzungen und Erfahrungen mitbringt. Eine Methode auf jemand anderen anzuwenden muss daher nicht zwangsläufig dieselbe Wirkung mit sich bringen!

Meine Arbeit ist ein Versuch, wirklich essentielle Prinzipien herauszuarbeiten. Trotzdem bin ich vielleicht an der ein oder anderen Stelle in die gleiche Falle getappt und habe Themen verallgemeinert, die nur unter ganz bestimmten Voraussetzungen funktionieren…

Eine Garantie kann es nicht geben.

Lass mich daher gerne wissen, ob dieses Buch etwas bei dir bewirkt hat. Auch bei Fragen kannst du dich jederzeit an mich wenden.

Manchmal scheint man etwas festgefahren und kommt alleine nicht weiter. In dem Fall stehe ich dir ebenfalls für Austausch und direktes Feedback zur Verfügung. Gern können wir ein persönliches Gespräch vereinbaren.

Du erreichst mich unter:

erfolgreiche.lehre@gmail.com

www.nicht-so-kompliziert.de

Außerdem von Fabian Wagner erhältlich:

Erfolgreiche
Lehre

für Universitäten

und Hochschulen

Ein Wegweiser für Dozenten
und Lehrkräfte aller Art

Fabian Wagner

„Anstrengende Vorlesungen, undankbare Studenten!
Gibt es dafür keinen Ausweg?"

Trotz zahlreicher Anstrengungen zur Verbesserung der Lehre werden viele Aspekte immer noch als negativ wahrgenommen, sowohl von Dozenten als auch Studenten. Hier hilft dieses Buch, ohne eine große Revolution zu fordern, sondern durch Diskussion entscheidender Faktoren im Lernprozess. Obwohl die Inhalte auf wissenschaftlichen Erkenntnissen basieren, wird bewusst auf schwer greifbare Fachterminologie verzichtet.

Auf dieser Grundlage folgen konkrete Beispiele und einfache Ansätze, die den Prozess des Lernens initiieren und unterstützen. Fragen regen den Leser zur Reflexion an, was Dozenten ermöglicht, eine negative Haltung gegenüber der Lehre abzulegen. Geeignete Ansätze zur Gestaltung der eigenen Lehre können sie dann besser identifizieren und umsetzen. Da Dozenten im Gegensatz zu Lehrern an Schulen deutlich mehr Freiheiten und Gestaltungsspielraum bei der Lehre haben, ist hier erstaunliches möglich.

Dies ist keine Methodensammlung, sondern ein schonungslos ehrliches Feedback und eine Einladung.

112 Seiten, Taschenbuch, € [D] 15,00
Verlag tredition GmbH, 2019
ISBN: 978-3-7482-2490-7

MIX

Papier | Fördert
gute Waldnutzung

FSC® C083411

Zeitfracht Medien GmbH
Ferdinand-Jühlke-Straße 7
99095 Erfurt, Deutschland
produktsicherheit@kolibri360.de